COMMISSION

ET MANDEMENT DV

Roy, enuoyé a Monsieur le Bailly de
Touraine, ou Monsieur son Lieutenant
Sur le faict du Reiglement certain &
perpetuel du Ban & Arriereban.

Auecq' Permission.

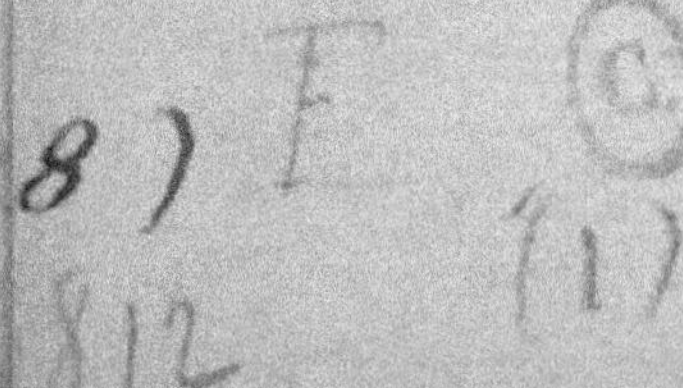

n les vend a Tours, par Iacques de la Rue,
deuant la porte du Palais.

HENRY Par la grace de Dieu
Roy de Fráce, Au Bailly de Tou
raine, ou son Lieutenant, salut &
dilection. Côme nous eussions
des le vingtcinquiesme iour de
Feburier dernier passé, faict certaine ordonnance sur le faict, ordre, forme & equippaige
du seruice que les nobles vassaulx & subiectz
a noz Ban & arriereban sont tenuz de nous
faire. Par laquelle ordonnance nous estimôs
auoir tellement pourueu aux abbus & desor
dre qui se sont cy deuant cômis, a la grande
diminution dudict seruice, que la chose ne
viendroit plus en controuerse ne difficulté:
Et pource que nous auons sceu quilz se sont
meuz plusieurs doubtes sur l'interpretation
& intelligence le ladicte ordonnance, Tant a
la conuocation que nous auôs faict faire depuis dudict arriereban, que au seruice d'icelluy. Nous voullans & desirâs a ce pouruoir
par l'aduis & deliberation d'aucuns princes
de nostre sang, & autres grans & experimentez personnages & Cappitaines estans lez
nous. Auons faict autre Ordonnance decla-
ratiue de nostre intention sur lesd' doubtes,
laquelle nous vous enuoyons cy attachee
soubz le contreseel de nostre chancellerie,

Et vous mandons, cõmectons & enioignons
que incontinant & sans delay, vous faictes
lire, publier, & enregistrer icelle nostredicte
Ordonnance a son de trõpe & cry publicq'
par tous les lieux & endroictz de vostre iuris
diction & destroict acoustumez a faire cryz
& proclamations en vostredict bailliage &
anciens ressortz eclipsez d'icelluy, Aux officiers desquelz vous ferez inthimer le cõtenu
en ces psentes pour y estre p eulx gardé estat.
Ce que leur mandons & cõmandons tresex-
pressement ne faillir de faire pour ce regard
seullement, & sans aucunement preiudicier
en autres choses a leur erectiõ. Et par mesme
moyen ferez faire cõmãdemẽt de par nous a
tous nobles vassaulx & autres subiectz a nosd
Ban & arriereban, Quilz ayent a se trouuer
en la principalle ville de vostredict ressort au
vingtquatriesme iour du moys d'Auril prochain. Pour en icelle conuocation & assẽblee
dresser vng roolle de tous les cõparãs, defail-
lans, inhabilles & exemptz de la cõtribution
Ou specifierez les noms, surnoms, & demou
rances de ceulx qui deurõt seruir pour leurs
chefz, & la qualité de leurs fiefz. Ensẽble de
ceulx qui deuront seruir pour autres, Lequel
roolle sera signé des Cappitaine, de vous, &

noz Aduocat, Procureur, & Greffier. Et ce
faict voullôs que sur le champ & en la mesme
assemblee la monstre en robbe soit faicte d'i-
ceulx comparans par les cômissaires & contrerolleurs ordinaires de noz guerres ou autres qui a ce serôt cômis & depputez en leur
absence, qui pareillement signeront iceulx
roolles, & prendront le serment de ceulx qui
seront ordonnez & retenuz pour seruir. Leur
faisant cômandemêt de par nous quilz ayent
a se tenir prestz, montez, armez, & en l'equip
paige contenu en nostredicte ordonnance
pour marcher & faire le seruice requis quâd
il leur sera mandé & ordonné. Dauantaige fe
rez faire deux coppies dudict roolle qui serôt
signees de vous tous, L'vne desquelles baille-
rez ausdictz commissaires & contrerolleuts.
Et l'autre l'ennoyerez au seigneur de la saille
Collonnel & Cappitaine general desdictz bâ
& arriereban, Pour incontinât nous aduertir
des forces qui se seront trouuees en vostred'
ressort. Car tel est nostre plaisir. De ce faire
vous auons donné & donnons plain pouoir,
puissance, auctorite, cômission & mandemêt
especial. Mandons & cômandons a tous noz
Iusticiers, officiers & subiectz que a vous en
ce faisant ilz obeyssent & entendent diligem

ment , Prestent & donnent conseil, confort,
ayde, & prisons si mestier est & requis en sôt.

Donné a sainct germain en laye, Le vingt-
septiesme iour de Ianuier, L'an de grace, Mil
cinq cens Cinquante quatre. Et de nostre
regne le huictiesme.

Par le Roy.
 BOVRDIN.

Et seellé du grant seel sur simple queue de
cire iaulne.

Leu & publié a haulte voix & cry public,
& a son de trompé, par les carrefours de ceste
Ville de Tours, le contenu en l'autre part:
Auec l'Ordonnance du Roy y attaché soubz
le contreseel dudict Sieur, a ce que aueû n'en
pretende cause d'ignorance. Faict par moy
Allain Bertrand, sergent Royal ou Bailliage
de Touraine, Le ieudy quatorziesme iour de
Feburier, Mil cinq cens Cinquãte & quatre.
Signé,   A. Bertrand.

ORDONNANCE
NOVVELLE, CONTE,
nant Reiglement certain &
perpetuel du Ban &
Arriereban de
France.

23 januier 1554

H ENRY par la grace de Dieu Roy
de France, A tous ceulx qui ces presentes lettres verront, Salut. Côme
pour establir & perpetuer vn ordre certain
& asseuré au faict & seruice, que sont tenuz
nous faire les Nobles Vassaulx & subiectz a
noz Ban & Arriereban, Nous ayons depuis
nostre aduenemét a la Couronne, par bonne,
grande, & meure deliberation de plusieurs
Princes de nostre sang, & autres grands, notables & experimentez personnaiges & Cappitaines, faict diuerses ordonnances, & mes-
mes vne derniere du vingcinquiesme iour de
Feburier dernier passé, sur l'ordre, forme &
equippage dudict seruice. Par laquelle derniere Ordonnance nous estimons auoir di-
sposé & ordôné de tout ce faict la si clairemét
ꝗ personne n'auroit plus occasion d'en tôber
en doubte, controuerse, ne difficulté. Tou-
tefoys ayās sceu les desordres qui se sont trouuez, non seullement a la conuocation ꝗ nous
auons dernierement faict faire dudict Ban &
Arriereban, mais aussi au seruice, pour cer-
tains doubtes suruenuz sur l'execution de nostredicte derniere Ordonnance: Nous auons
bien voullu mettre de nouueau la matiere en
deliberatiou auec aucuns princes de nostre

fang, & autres grands & notables perſonnai-
ges de noſtre Conſeil priué eſtans lez nous.
Par l'aduis deſquelz, & apres auoir le tout biẽ
& meuremẽt cõſidere & digere, Auõs ſtatué
& ordõne. ſtatuõs & ordonnõs ce q̃ lenſuyt.
PREMIEREMENT.

QVE noſtre vouloir & intention eſt
de nous ſeruir doreſnauant de noſdꝭ
Ban & arrierebã en vne ſeule forme,
qui eſt de Cheual legier : a ce q̃ tous
Nobles vaſſaulx & ſubiectz auſdictz Ban &
arriereban, ſe tiennent garniz de ceſt equippage, ſelon & ainſi qu'il eſt prefix par noſtredicte derniere ordonnance: & ce pour ſeruir:
ou bailler ledict equippage au ſeruant.

QVE tous exemptz ſeront apparoir de
leurs exemptions a la premiere conuocation
& aſſemblee qui ſera faicte dudict Ban & arriereban: Autremẽt ny ſerõt receuz par apres
q̃lques lettres qlz puiſſẽt obtenir a ceſte fin.
Leſquelles nous ne voulons ny entendons
audict cas auoir lieu: Ains les auons deſapre-
ſent cõme pour lors, & pour lors cõme deſ-
maintenant reuocquees, caſſees & annullees:
reuocquons, caſſons & annullons : Sçachans
tresbien, que ſi leſdictes exemptions ſont re-
ceues apres ladicte monſtre ou aſſemblee,

B

tout l'ordre & deſſaing qui ſe faict lors d'icel
le premiere monſtre ou aſſemblee , ſe rompe
& tourne en confuſion.

Q V E les lettres pour faire la conuocation dudict Ban & arriereban , ſeront addreſ-
ſees aux Sieges principaux des Bailliages &
Seneſchaulcees , faiſans defenſes aux Inferieurs , de ne faire conuocation , ſil ne leur eſt
mandé. Et ou cas qu'ilz feiſſent conuocatiõ
pour la diſtance du Siege principal : leſdicts
Inferieurs ſeront tenuz (icelle premiere mon
ſtre faicte , & les roolles dreſſez) denuoyer leſ
dictz roolles au Siege principal par le Greffier , ou autre en ſon lieu , qui aura pour ſon
voyage vingtcinq ou trẽte ſolz par iour , ſans
plus.   Et ſans que noz Iuges & Officiers de
robbe longue puiſſent prendre aucune cho-
ſe pour ſon ſalaire : d'autant qu'ilz n'ont ꝗ fai
re de bougr de eur ville. Toutesfoys ſi pour
quelꝗ autre cas leur eſtoit beſoing de partir
leurſdꝭ villes , ſera noſtredicte derniere ordon
nãce gardee & obſeruee : par laquelle leur ſalaire eſt taxe. Inhibant & deffendant treſex-
preſſement auſdictz Iuges & Officiers , d'en
vſer autrement : Et auſsi de gratiffiere aucun ,
oultre ce que porte noſtredicte ordonnance ,
ny exempter non exemptz , ne prendre ou aſ-

sembler plus grande valeur de fiefz, pour faire vng homme de seruice, que porte icelle nostre ordonnance: Et ce sur peine du quadruple de ce, dont nostre ict seruice seroit par ce moyen diminué.

Q V E ceulx qui ne comparoistront ou enuoyront se exonier a ladicte pmiere monstre ou conuocation, ou qui ne feront apparoir d'exemption, seront mis en seruice, ou personnel, ou d'ayde, ou contribution: & neantmoins sera le fief ou fiefz du contumax & nõ comparant, saisy, pour la desobeyssance.

Q V E ceulx qui u'ont baillé declaration, ou desquelz elle a esté adiree, la representerõt ou la copie, autrement la bailleront nouuelle selon la valleur de leurs fiefz, dont nostre procureur s'informera.

Q V E toutes mutations des fiefz de main exempte a non exempte, ou de non exempte a exempte, soit par contract, succession, ou autrement, seront signifiez au Greffe, deuant le iour de ladicte premiere conuocation. Et dedans vn moys apres icelle mutation escheue, afin que nostre procureur en puisse estre aduertir, & y faire pour nostre seruice ce qu'il appartiendra.

Q V E ceulx qui apporteront pour leur

exemption le certificat de leur Capitaine &
autres, selon l'ordonnance, pour faire apparoir qu'ilz sont de noz Ordonnances & Gen
darmerie, affermeront qu'ilz n'ont esté cassez
depuis icelle derniere monstre: ains sont encores obligez au seruice.

QVE donations fraudulantes feictes par
les non exemptz aux exemptz, n'empesche-
ront que le donateur ne serue ou contribue.

ET pource que nous voulons monstrer a
nostre Noblesse, combien nous la desirons
espargner & soulager: (encores que nous ne
espargnôs ne nostre personne, ne nostre bour
se pour leur commune & generale conserua-
tion, protection & defense:) Et afin d'oster
tous serupules, qui se sont cy deuant trouuez
sur la maniere, dont les non seruans (comme
Roturiers & Nobles inhabilles) ayderont &
contribueront aux seruans.

NOVS auons ordonné & ordonnons,
Que le subiect tenant en fief de cinq a six cês
liures, ou peu moins, fera l'homme de cheual
legier en l'equippage contenu en nostre sus-
dicte derniere Ordonnance: lequel homme
seruant pour luy & dour autruy, ou du tout
pour les autres assemblez a le faire, aura (oultre la solde limitee par nostredicte Ordon-

nanse, qui est de seize liures treze solz quatre
deniers tournoys par moys (Cēt liures tournoys, pour ayder a auoir cheuaulx & armes:
Qui est, pour tout, a raison de huict vingtz
six liures treze solz quatre deniers tournoys,
pour lesdictz cinq a six cens liures de rente &
reuenu annuel, sa portion confuse en luy, s'il
sert tant pour luy, que pour autres.

QVE a ceste raison contribueront & inhabilles, tant Gētilz hommes que Roturiers
sans distinction ne difference: afin q̃ par ceste
egalité gardee par tout, Nostre seruice soit
faict d'affection clairemēt, & sans doubte ne
murmure, qui le rendra plus prompt & expe
ditif: & qui ostera occasion a plusieurs de di-
uertir les deniers destinez au seruice desdictz
Arrierebans, ou de fouller les vns, & releuer
les autres, soubz couleur de diuerses interpre
tations.

ORDONNANT en oultre, que l'e-
stat du Capitaiue general, son Lieutenant ge
neral, & Maistre de Camp, se prendra egale-
ment sur toutes Enseignes qui seront au seruice actuel de l'Arrierebā : Le nōbre desq̃lles
cereifiera le Capitaine general par son certificat signé de luy, & d'vn Cōmissaire & Con
trerolleur des guerres: duquel certificat, sera

baille autant aux Receueurs desd' Enseignes
pour s'en ayder en leurs cõptes. Le tout sans
preiudice ne desrogation en autres choses a
noftre fufdicte derniere Ordonnáce faicte &
publiee fur le faict dud Arriereban:laqlle de-
meure en fa forme, vigueur, & vertu, en ce ql
n'y eft derogé, changé, ne immué par ces pre-
fentes. PAR lefquelles donnons en mandement a tous noz Baillifz, Senefchaulx , ou
a leurs Lieuxtenans , & a chafcun d'eulx endroict foy, & ficõme a luy appartiendra, Que
cefte pfente Ordonnance ilz entretiennent,
gardent & obferuent:facent entretenir, gar-
der & obferuer de poinct en poinct felon fa
forme & teneur, fans augmentation ou dimi
nution,ne autre interpretation qu'il eft contenu cy deffus : & la facent enregiftrer es re-
giftres de leurs iurifdictiops, lire & publier a
fon de trõpe,& crv public,de forte q̃ lefd No
bles Vaffaulx & fubiectz a nofd Ban & Arrie
reban,n'en puiffen ptendre caufe d'ignoráce
car tel eft noftre plaifir.   En tefmoing de ce
nous auons faict mettre noftre féel a cefd pre
fétes. Dõné a faict Germain en Laye, le xxiii.
iour de Iãuier, L'an de grace Mil cinq cẽs cin
quáte quatre. Et de nrẽ Regne le huictiefme.
Par le Roy eftant en fon confeil,   Bourdin.
        Collarione,   BOVRDIN.

A NOSTRE PREVOST DE
Paris, ou son Lieutenant,

26 Januier 1554

Ostre amé & feal, ayãt esté aduertÿ
des doubtes & difficultez, q̃ se sont
dernierement trouuez, tant a sa cõ
uocation, que au seruice de nostre
Ban & Arrierebã: & desirãt y pouruoir pour
le bien de nostre seruice: Nous auõs par l'ad
uis & deliberatiõ de plusieurs Princes de nostre sang, & autres grands, notables & experimentez personnages estans lez nous, faict
vne nouuelle Ordonnance sur le faict de nostredict Ban & Arrierebã, laquelle nous vous
enuoyons, & voullons, & vous mãdons, que
incontinẽt vous la faictes publier par les Car
refours & autres lieux de nostre ville de Paris acoustumez a faire semblables cryz & pro
clamations.

E T par mesme moyen faictes faire com-
mandement de par nous, Que tous Nobles
Vassaulx & subiectz a nostredict Ban & Arrie
reban, ayent a se trouuer a nostredicte ville de
Paris au xxiiii. iour du moys d'Auril ꝓchain.
Pour en ceste conuocation & assemblee, dres
ser vn Roolle de tous les cõparans, defaillãs,
inhabilles, & exempts de la contribution.

ET ur en la mesme assemblee en faire faire
monstre en Robbe, le tout suyuant le côtenu
en nostre derniere Ordonnãce du vingtcinquiesme iour de Feburier dernier , & icelle q̃
vous enuoyons.

FAISANT dauantaige cõmandement
de par nous , a ceulx qui seront ordonnez &
retenuz pour seruir , Qu'ilz ayent a se tenir
prestz, montez, armez , & en l'equippage por
té par nostredicte Ordonnãce:Pour marcher
& faire le seruice requis, quand il leur sera mã
de & ordonne.

ET pource qu'il est besoing d'enuoyer
promptement ladicte Ordonnance par tous
les autres Bailliage & Seneschaulcees de nostre Royaume pour en faire faire semblables
publications & significations:& que la chose
requiert diligence & celerité, afin que chascũ
soit aduerty d'heure de ce qu'il aura a faire.
Faictes bailler ladicte Ordonnãce(si tost que
vous l'aurez faict enregistrer es Registres du
Greffe de nostre Chastellet dudict Paris. Et
publier,& signifier par les Carrefours de lad
Ville)a vn Libraire pour en Imprimer forces
coppies , dont vous nous enuoyerez iusques
a vne centaine,le plus tost qu'il vous sera pos
sible.

Donné a Sainct Germain en Laye, le vingt
sixiesme iour de Ianuier, Mil cinq cens Cinquante quatre.

Signé,   HENRY.

Et au dessoubz,   BOVRDIN.

Les presentes Ordonnances ont esté re-
ceues, & icelles enregistrees es Registres du
Greffe du Chastellet de Paris, ou l'on a acoustumé enregistrer tous Edictz & Ordonnances du Roy nostre Sire: & ordóné icelles estre
leues & publiees par les Carrefours de ceste
ville de Paris, & autres lieux, places & endroictz acoustumez a faire criz & proclamations en la preuosté de paris, Le Mercredy
xxx. iour de Ianuier, Mil cinq cens Cinquáte
quatre.

Signé,   TROVVE.

13 februier 1554

IEHAN DE VILLEMAR Escuyer, Conseiller du Roy nostre Sire, & de la Royne douairiere, Du chesse de Touraine, Bailly du pays & Duché de Touraine, Au premier sergēt Royal sorce requis. Nous vous mandons incontinant & sans delay, toutes choses laissees, vous ayez a vous transporter en noz Sieges de Chinon, Chastillon, Loches, Langes. Et aux Sieges d'Amboyse, & Lodun, & anciens Ressorts, Et es Baronnyes, Chastellennyes & autres lieux de ce Bailliage esquelz on a acoustumé faire cryz & proclamatiōs publicques, Et inthimer & faictes assauoir a noz Lieutenans desdictz Sieges, Et au Bailly d'Amboyse, & Iuge de Lodun, & a tous Nobles & roturiers tenans fiefz & arrierefiefz & rētes infeodees en ce Bailliage, & anciens Ressorts d'icelluy, le contenu es Lettres patentes & Ordonnances du Roy, Sur le faict & Reiglement de son Ban & Arriereban, a ce qu'ilz entendēt le cōtenu esdz Lettres patentes & Ordonnances cy dessus, a ce quilz nen puissent prendre cause d'ignorāce. Et qu'il est enioinct aux Iugez & Officiers des Baronnyes & Chastellēnyes chascun endroict soy faire publier es parroisses desdictes Barōnyes & Chastellennyes es

proſnes d'icelles parroiſſes leſdĩ lettres & ordonnances pour l'effect q̃ deſſus, le tout ſur
les peines y côtenue, Et en retirer des Curez
& leurs Vicaires, actes, ou certifications deſdĩ
publications, Et iceulx enuoyer par deuers
nous dedans quinze iours pour tous delayz.
Et oultre faire aſſauoir a tous les Nobles, Vaſſaulx & Roturiers & autres ſubiectz audĩ Ban
& Arriereban tenant fiefz, arrierefiefz, rẽtes
infeodees & autres tenemens Nobles q n'ôt
baille cy deuant par declaration, Qu'ilz ayẽt
a apporter au vray la declaration de la valleur
de leurſdĩ fiefz, arrierefiefz, & rẽtes infeodees
& tenemens Nobles dedans ledict temps de
quinzaine, ſur les peines côtenues es Edictz
& Ordonnances dudict Seigneur faictes ſur
ledict Ban & Arrierebã, & autres peines quil
appartiendra, Et que tous Nobles, Vaſſaulx,
& aultres ſubiectz auſdictz Ban & Arrierebã
ayent a ſe trouuer en ceſte ville de Tours, au
Palais Royal. C'EST aſſauoir, ceulx des
Reſſorts de ce Siege de Tours, Láges, & Cha-
ſtillon, le vingtquatrieſme iour du moys d'A-
uril prochain venant. Ceulx de Loches & Am-
boyſe, le vingtſixieſme. Ceulx de Chinon, le
vingthuictieſme. Et ceulx de Lodun, le tten-
tieſme iours du moys D'apuril prochains ve

nans, Pour proceder fuyuant lefdictes Ordon
nances & lettres patentes du dict Seigneur.
Et en icelle affemblee & cōuocation dreffer
vn Roolle de tous les comparans, deffaillans,
inhabilles & exempts de la contribution, Ou
feront fpecifiez les noms, furnoms, & demou
rances de ceulx qui deuerōt feruir pour leurs
chefz, & la qualité de leufdictz fiefz, Enfem-
ble ceulx q deueront feruir pour autres, pour
fur le champ, & en mefme affemblee la mon-
ftre en Robbe eftre faicte d'iceulx cōparans,
par les Commiffaires & Contrerolleurs ordinaires des Guerres, ou autres qui a ce ferōt
commis & deputez en leur abfence, qui pa-
reillemeut figneront iceulx Roolles, & pren
dront le ferment de ceulx qui feront ordonnez & retenuz pour feruir. Leur faifant com
mandement de par led feigneur, qu'ilz ayent
a fe tenir preftz, montez, armez, & en l'equi-
paige contenu en l'Ordonnance d'icelluy fei
gneur, pour marcher et faire le feruice requis
quand il leur fera mandé & ordonné Et oultre vous mandons faire affauoir aux deffufd
Nobles, & autres tenans fiefz, arrierefiefz, rē
tes infeodees, & autres tenemēs Nobles, qni
fe ptendent exemps, mains mortes, & autres
qu'ilz ayent a comparoir par deuant nous, ou

noſtre lieutenant dedans ladicte ꝑmiere coꝰ
nocatiou, Et informer deuement de leurs cer
tiſicatz & moyens d'exemption, autremẽt en
deffault de ce faire ſera procede ſuyuant l'Or
donnance dudict ſeigneur contre eulx cõme
il appartiẽdra , ſans auoir eſgard a leurſdictes
exemptions & priuilleges par eulx ꝑtenduz
ſuyuant leſd lettres , les Aduocat & Procureur du Roy ce requerans. De ce faire vous
donnons pouoir , mandons & commandons
a tous Iuſticiers, Officiers, & ſubiectz, que a
vous en ce faiſant ſoit obey. Donné a Tours
par nous Bailly ſuſdict , le treziefme iour de
Feburier, Mil cinq cens Cinquanſe quatre.

Signé,   Bourru.

PRIVILEGE.

IL EST permis a Iacques de la Rue Libraire, Demourant en ceste Ville de Tours, d'Imprimer ou faire Imprimer ce pfent Edict & Lettres patentes du Roy. ET deffences faictes a tous autres Imprimeurs & libraires de ce Bailliage d'Imprimer ledict Edict & lettres patentes, iufques a deux ans, Sur peine de confiscation defdictes Ordonnances, & d'amende arbitraire.

Le tont communiqué au Procureur du Roy.

Signé,   BOVRRV.

www.ingramcontent.com/pod-product-compliance
Lightning Source LLC
LaVergne TN
LVHW021449060726
842527LV00006B/2151